pequeños animales del patio

Los mapaches

Heather Kissock

www.av2books.com

Visita nuestro sitio **www.av2books.com** e ingresa el código único del libro.
Go to www.av2books.com, and enter this book's unique code.

CÓDIGO DEL LIBRO
BOOK CODE

AVS72379

AV² de Weigl te ofrece enriquecidos libros electrónicos que favorecen el aprendizaje activo.
AV² by Weigl brings you media enhanced books that support active learning.

El enriquecido libro electrónico AV² te ofrece una experiencia bilingüe completa entre el inglés y el español para aprender el vocabulario de los dos idiomas.
This AV² media enhanced book gives you a fully bilingual experience between English and Spanish to learn the vocabulary of both languages.

Spanish

English

Navegación bilingüe AV²
AV² Bilingual Navigation

pequeños animales del patio

Los mapaches

En este libro, te contaré sobre

su hogar

su comida

su familia

y cómo crecen.

Un día, estaba en mi patio jugando con una amiga cuando vimos algo que salía corriendo de un agujero debajo del garaje.

Me metí en mi casa y le conté a mi papá, pero cuando salió a ver, ya se había ido. Papá me pidió que le avisara si lo volvía a ver.

Me quedé observando el patio desde mi ventana. Esa noche, vi a un animal peludo correr debajo del garaje. Parecía un gato grande y gris con la cola a rayas.

Cuando le conté a papá lo que vi, me dijo que seguramente era un mapache.

Papá me contó que los mapaches suelen mudarse a otro lugar cuando están por tener bebés.

Dijo que deberíamos dejar tranquilo al mapache por un tiempo para ver si nacía algún bebé.

Una vez al día, yo observaba el agujero. Le pregunté a papá si los bebés no tendrían frío. Ya era primavera pero todavía había nieve en el suelo.

Papá me dijo que no me preocupara. La mamá se aseguraría de que los bebés no tuvieran frío.

Un par de semanas más tarde, vi al mapache correr hacia el agujero. Nunca antes había visto al mapache de día.

Papá me contó que ya habían nacido los bebés y que la mamá mapache salía a buscar comida durante el día si sus bebés tenían hambre.

Tuve que esperar más de un mes para ver a los bebés. Una mañana, miré por la ventana y vi a uno con su mamá.

Era tan pequeño. Su pelaje era mucho más oscuro que el de su mamá.

Cuando llegó el verano, comencé a ver a los bebés más a menudo. Cuando su mamá salía, iban tras ella.

Una vez, los vi seguirla hasta arriba de un árbol. Papá me contó que ella les estaba enseñando a trepar.

Era muy divertido ver crecer a los mapaches. A papá también le gustaba. Le apenaba no poder dejarlos quedarse por más tiempo.

Me dijo que los mapaches causaban muchos problemas y que podían transmitir enfermedades a la gente.

Una noche, papá esperó a que los mapaches se fueran del agujero y lo rellenó con tierra y piedras. Los mapaches no pudieron regresar a su casa.

Abandonaron nuestro patio y encontraron otro lugar donde vivir.

La primavera siguiente, un mapache se había mudado al patio de mi amiga.

Al poco tiempo, pude ver crecer a otra familia de mapaches.

Published by AV² by Weigl
350 5th Avenue, 59th Floor New York, NY 10118
Website: www.av2books.com

Library of Congress Control Number: 2018964743

ISBN 978-1-7911-0192-3 (hardcover)
ISBN 978-1-7911-0193-0 (multi-user eBook)

Printed in the United States of America in Brainerd, Minnesota
1 2 3 4 5 6 7 8 9 0 22 21 20 19 18

122018
111918

Project Coordinator: Heather Kissock
Designer: Terry Paulhus
Spanish Project Coordinator: Sara Cucini
Spanish/English Translator: Translation Services USA

Every reasonable effort has been made to trace ownership and to obtain permission to reprint copyright material. The publisher would be pleased to have any errors or omissions brought to its attention so that they may be corrected in subsequent printings.

The publisher acknowledges Getty, Alamy, Shutterstock, Dreamstime, and iStock as the primary image suppliers for this title.